Ich lerne Englisch

Ich lerne Englisch

Ein Bildwörterbuch für Kinder

Zeichnungen von Angela Weinhold

Loewe

Der Umwelt zuliebe ist dieses Buch
auf chlorfrei gebleichtem Papier gedruckt.

ISBN 3-7855-3133-8 – 2. Auflage 2000

Ins Englische übersetzt von Christine Dresel.
Umschlagillustration: Angela Weinhold
Umschlagtypographie: Karin Roder

Inhalt

Mein Körper/**My Body** 6

Die Kleidung/**Clothes** 8

In der Küche/**In the Kitchen** 10

Im Esszimmer/**In the Dining-Room** 12

Im Badezimmer/**In the Bathroom** 14

Im Wohnzimmer/**In the Living-Room** 16

Im Kinderzimmer/**In the Children's-Room** 18

In der Schule/**At School** 20

In der Stadt/**In the Town** 22

Der Verkehr/**Traffic** 24

Im Supermarkt/**At the Supermarket** 26

Im Zoo/**At the Zoo** 28

In Wald und Wiese/**In the Forest and on the Meadow** 30

Auf dem Bauernhof/**At the Farm** 32

Was ich tue/**What I do** 34

Gegensätze/**Opposites** 36

Wetter, Jahreszeit und Monat/**Weather, Season and Months of the Year** 38

Woche und Uhrzeit/**Days of the Week and Time** 40

Zahlen/**Numbers** 41

Wörterliste 42

Mein Körper/**My Body**

Das Gesicht/**The Face**

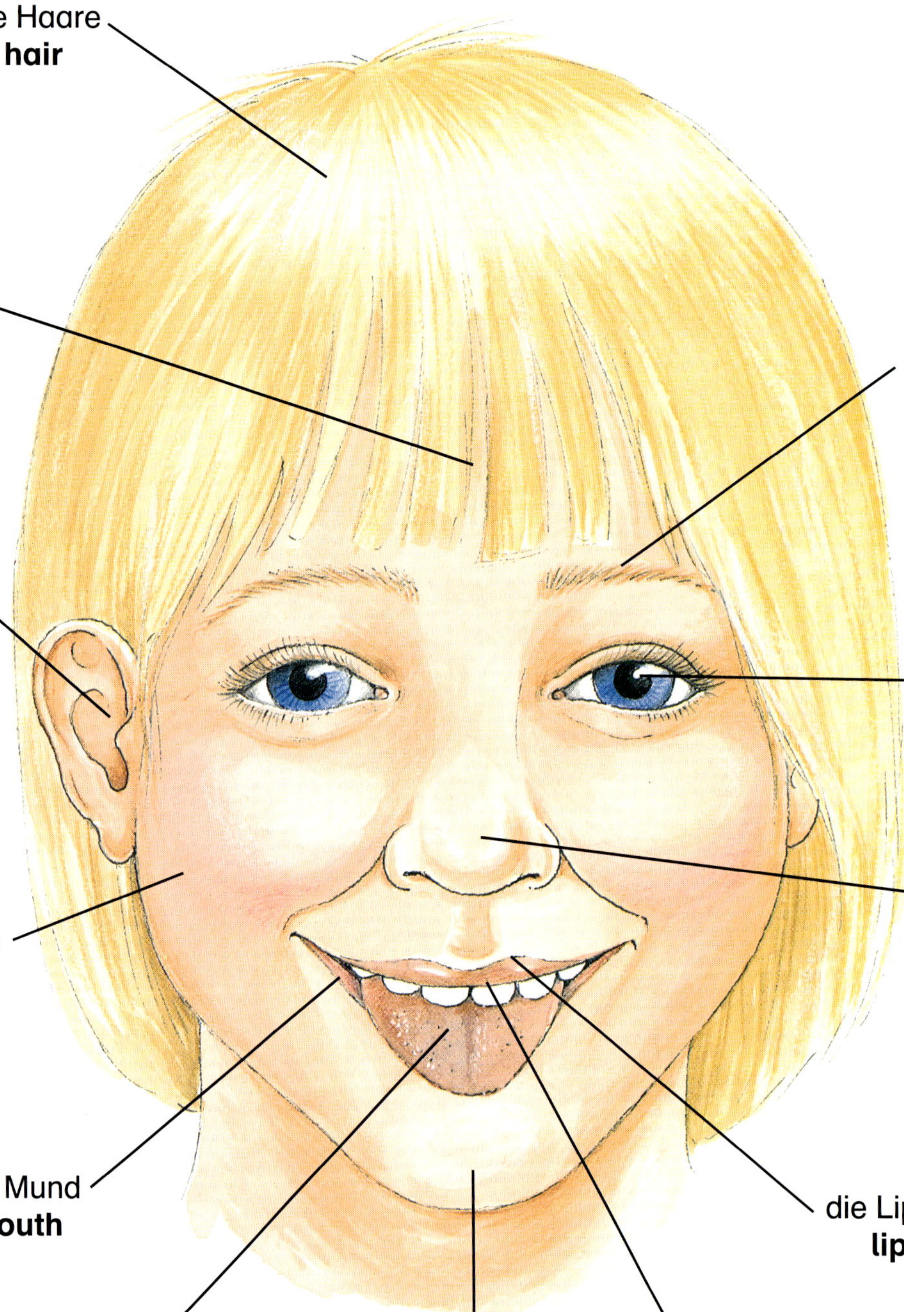

Der Körper/**The Body**

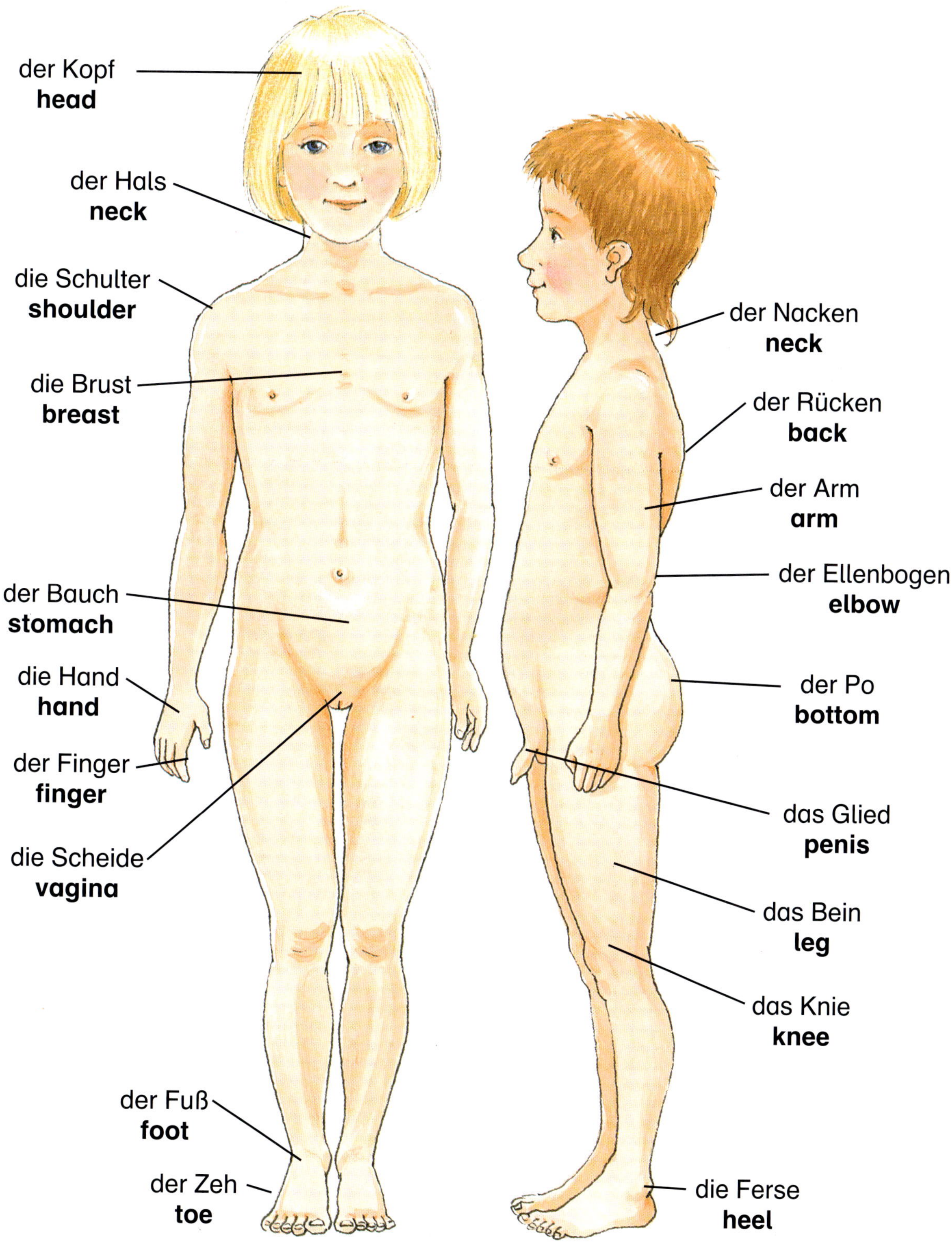

Die Kleidung/**Clothes**

das Unterhemd
vest

die Unterhose/**pants**

die Socken
socks

die Strümpfe
stockings

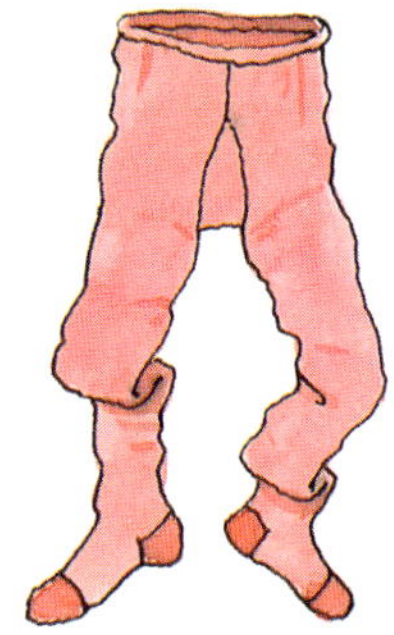

die Strumpfhose
tights

die Bluse/**blouse**

der Rock/**skirt**

der Knopf
button

das Hemd
shirt

das Nachthemd
nightdress

der Schlafanzug
pyjamas

das T-Shirt/**T-shirt**

die Hose
trousers

die Latzhose
dungarees

die Strickjacke
cardigan

der Pullover/**jumper**

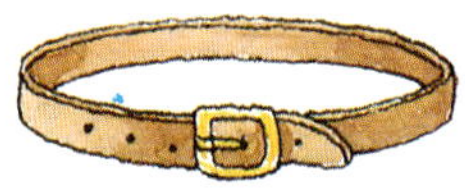

der Gürtel/**belt**

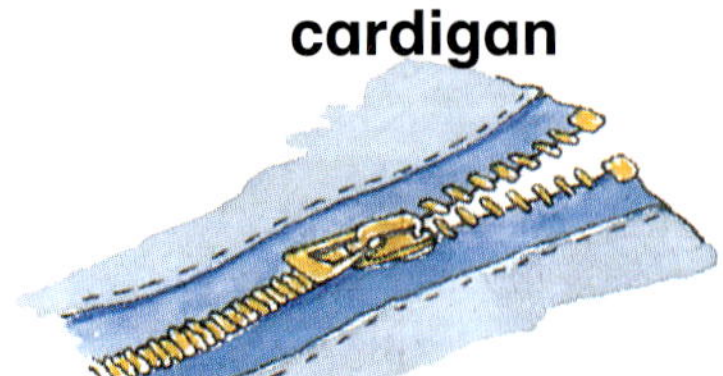

der Reißverschluss
zipper

die kurze Hose
shorts

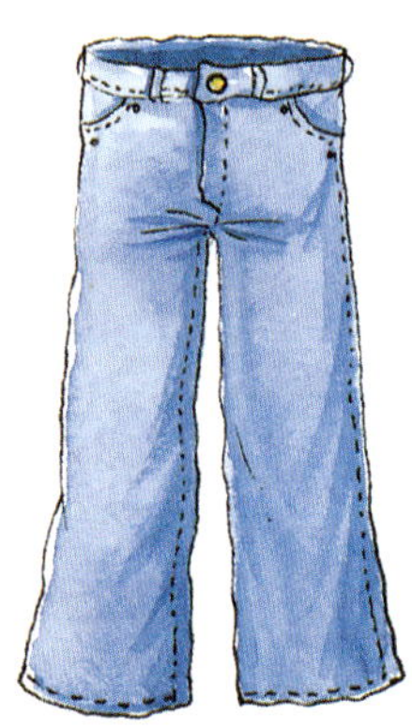

die Jeans
jeans

der Trainingsanzug
track-suit

das Sweatshirt
sweatshirt

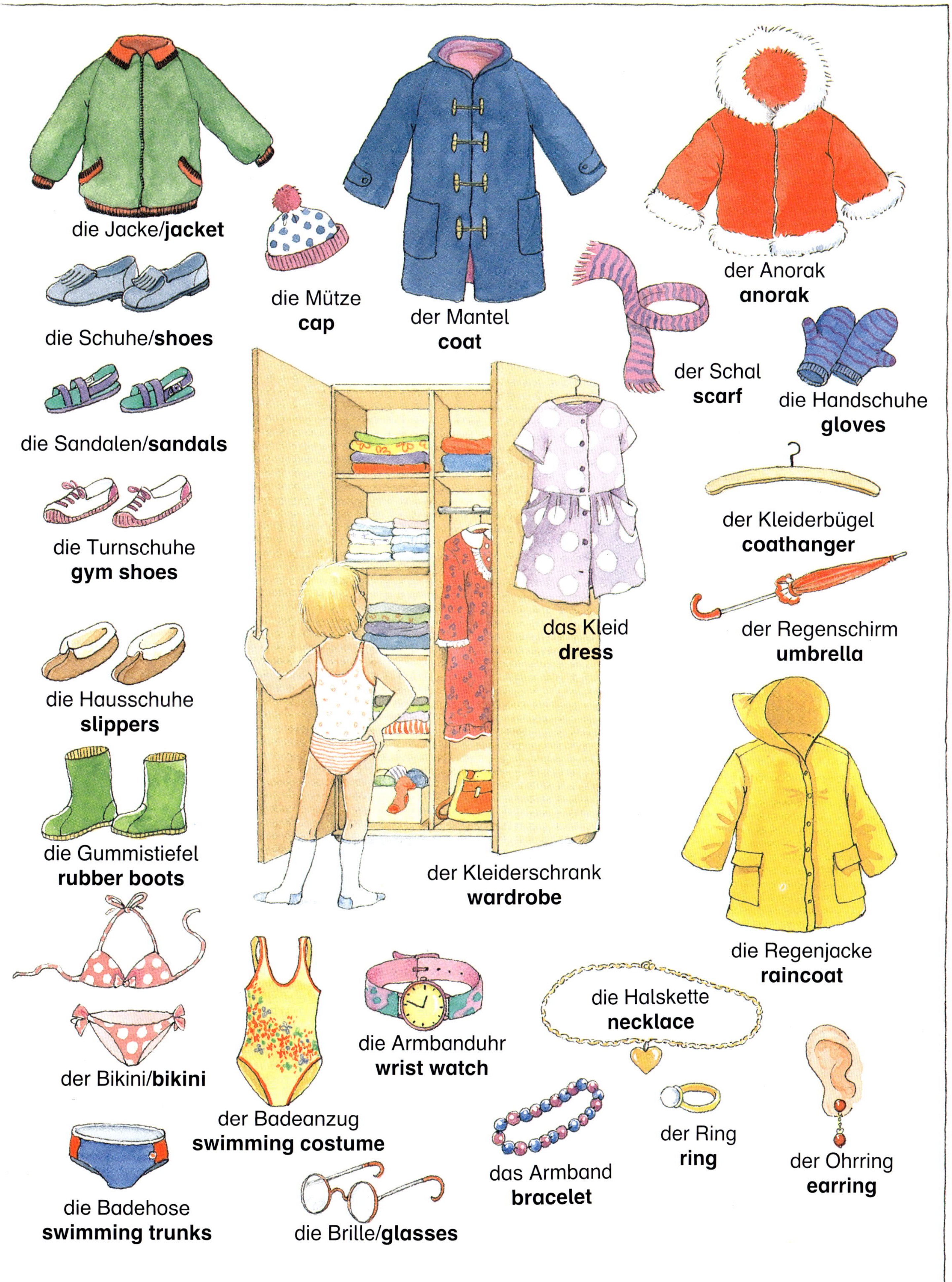
die Jacke/**jacket**
die Mütze
cap
der Mantel
coat
der Anorak
anorak
die Schuhe/**shoes**
der Schal
scarf
die Handschuhe
gloves
die Sandalen/**sandals**
der Kleiderbügel
coathanger
die Turnschuhe
gym shoes
das Kleid
dress
der Regenschirm
umbrella
die Hausschuhe
slippers
die Gummistiefel
rubber boots
der Kleiderschrank
wardrobe
die Regenjacke
raincoat
die Halskette
necklace
die Armbanduhr
wrist watch
der Bikini/**bikini**
der Badeanzug
swimming costume
das Armband
bracelet
der Ring
ring
der Ohrring
earring
die Badehose
swimming trunks
die Brille/**glasses**

In der Küche/**In the Kitchen**

der Teller
plate
der Suppenteller
soup plate
die Tasse
cup
die Untertasse
saucer
der Becher
cup
der Mikrowellenherd
microwave oven
das Geschirr
dishes
der Eierbecher
eggcup
das Glas
glass
die Gewürze
spices
die Kaffeemaschine
coffee machine
der Toaster
toaster
der Kühlschrank
refrigerator
das Messer
knife
die Gabel
fork
der Esslöffel
spoon
der Teelöffel
teaspoon
die Schürze
apron
das Küchenmesser
kitchen knife
der Schneebesen
whisk
das Brett/board
der Gefrierschrank
freezer
der Kochlöffel
cooking spoon
das Backblech
baking tray
die Dose
tin
der Dosenöffner
tin-opener
die Suppenkelle
soup ladle
der Korkenzieher
corkscrew
der Pfannenwender
scraper

Im Esszimmer/**In the Dining-Room**

der Reis
rice
die Bratkartoffeln
fried potatoes
das Gemüse
vegetables
der Vater
father
der Salat
salad
die Mutter
mother
die Brezel
pretzel
der Pudding
pudding
das Ei
egg
die Kanne
pot
der Kuchen
cake
der Kaffee
coffee
das Eis
ice-cream
die Butter
butter
die Marmelade
jam
der Quark
curd cheese
das Milchkännchen
milk jar
der Saft
juice
der Ketschup
ketchup
der Salzstreuer
salt shaker
die Pfeffermühle
pepper-mill
der Senf
mustard
die Serviette
napkin

Im Badezimmer/**In the Bathroom**

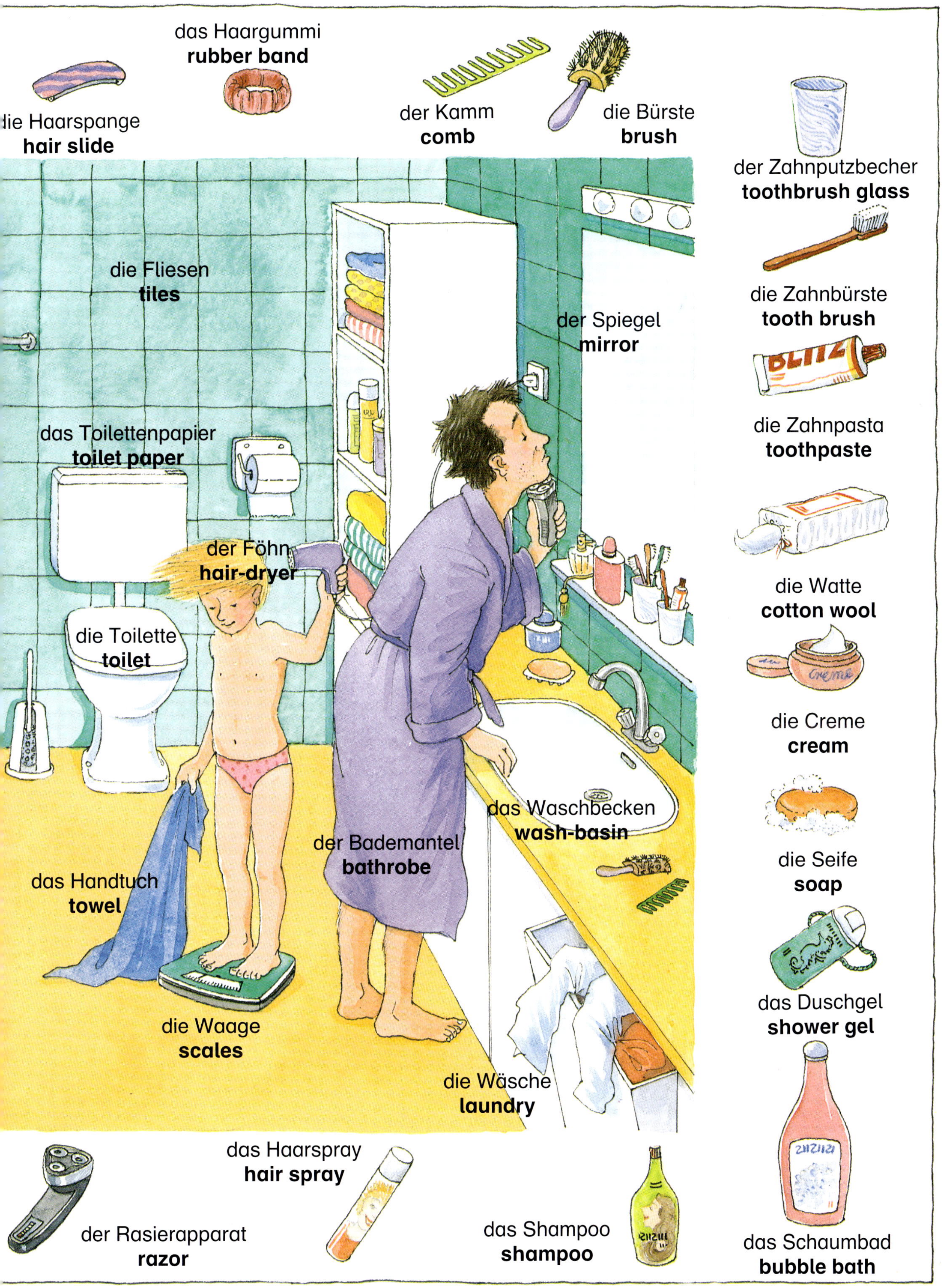
die Haarspange
hair slide
das Haargummi
rubber band
der Kamm
comb
die Bürste
brush
der Zahnputzbecher
toothbrush glass
die Zahnbürste
tooth brush
BLITZ
die Zahnpasta
toothpaste
die Fliesen
tiles
der Spiegel
mirror
das Toilettenpapier
toilet paper
der Föhn
hair-dryer
die Toilette
toilet
die Watte
cotton wool
Creme
die Creme
cream
das Waschbecken
wash-basin
der Bademantel
bathrobe
die Seife
soap
das Handtuch
towel
das Duschgel
shower gel
die Waage
scales
die Wäsche
laundry
das Haarspray
hair spray
der Rasierapparat
razor
das Shampoo
shampoo
das Schaumbad
bubble bath

Im Wohnzimmer/**In the Living-Room**

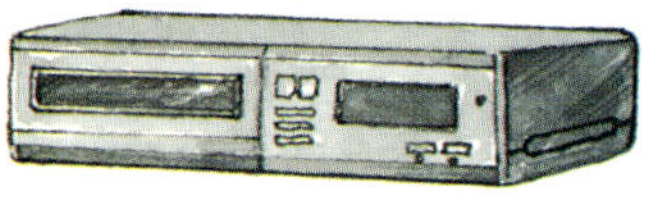

der Videorekorder
video recorder

die Videokassette
video cassette

der Schallplattenspieler
record player

die Schallplatte
record

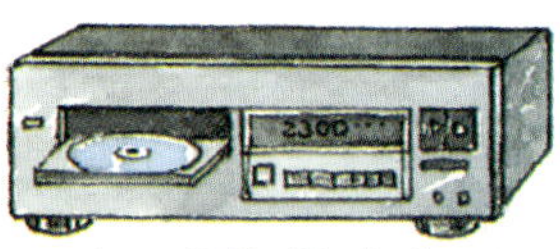

der CD-Spieler
CD player

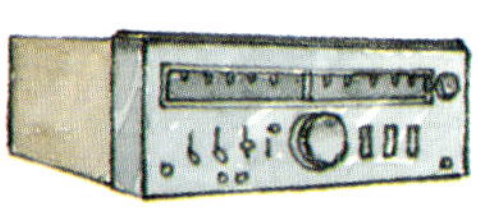

das Radio
radio

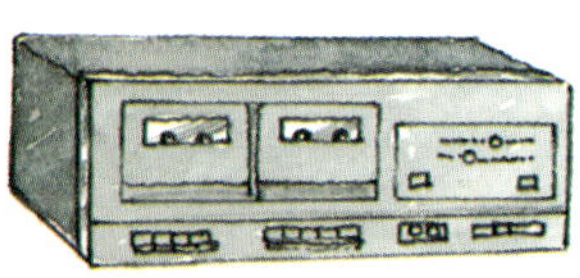

der Kassettenrekorder
cassette recorder

die Kassette
cassette

das Bild
picture
die Lampe
lamp
der Vorhang
curtain
die Fernbedienung
remote control
das Foto
photo
die Glühbirne
light bulb
die Frau
woman
der Kamin
fireplace
die Steckdose
socket
das Feuer
fire
der Sessel
easy chair
die Zeitung
newspaper
die Vase
vase
der Mann
man
das Sofa
sofa
das Buch
book
das Kissen
cushion
das Telefon
telephone
die Streichhölzer
matches

Im Kinderzimmer/**In the Children's-Room**

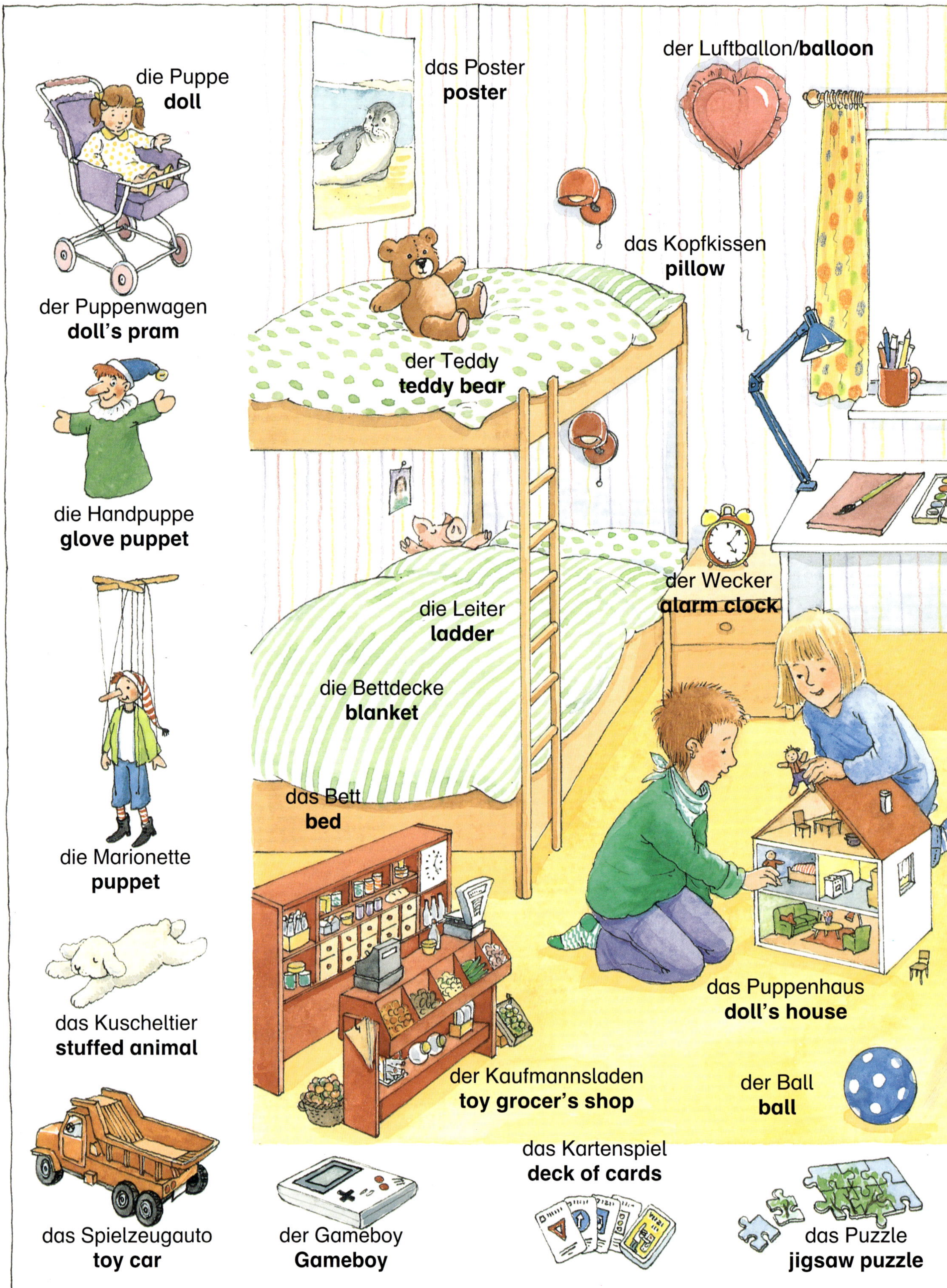

as Fenster
window
der Computer
computer
der Schreibtisch
desk
die Trommel
drum
das Regal
shelves
die Spielkiste
toy box
die Murmeln
marbles
die Eisenbahn
railway
der Comic
comic
die Bauklötze
blocks
die Legosteine
lego
das Steckenpferd
hobby-horse
das Xylophon
xylophone
die Blockflöte
recorder
die Gitarre
guitar
der Würfel
die
die Spielsteine
pieces
das Spielbrett
board

In der Schule/**At School**

das Pausenbrot
snack

die Garderobe
hall-stand

das Zeugnis
report

der Schulranzen
satchel

das Schulbuch
school book

der Ordner
file

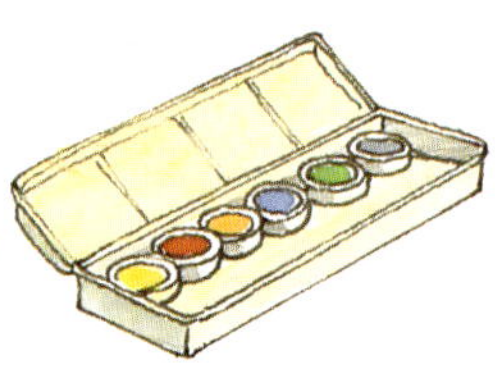
der Farbkasten
paint box

der Pinsel
brush

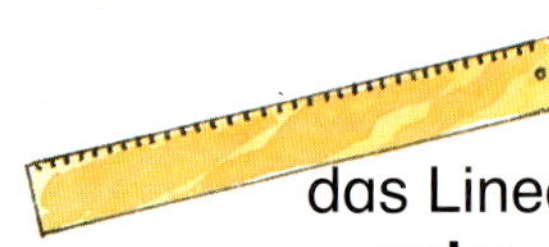
das Lineal
ruler

der Bleistift
pencil

der Buntstift
coloured pencil

der Wachsmalstift
wax crayon

der Filzstift
felt-tip pen

der Kugelschreiber
biro

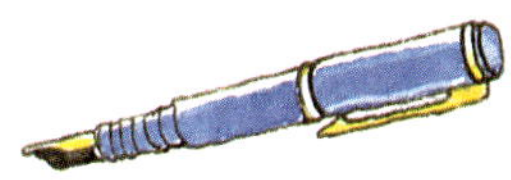

der Füller
fountain pen

die Patrone
cartridge

der Spitzer
sharpener

der Zirkel
pair of compasses

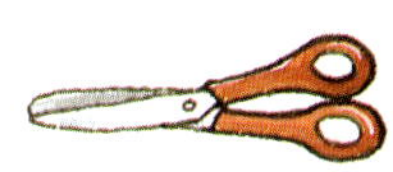

die Schere
scissors

der Tesafilm
adhesive tape

der Klebstoff
glue

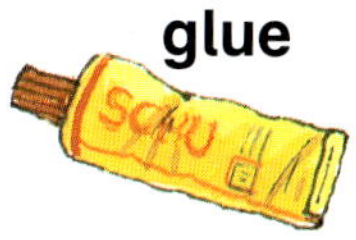

das Federmäppchen
pencil case

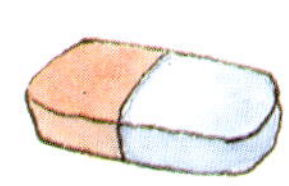

der Radiergummi
rubber

In der Stadt/**In the Town**

die Reklame
advertisement

die Litfaßsäule
advertising column

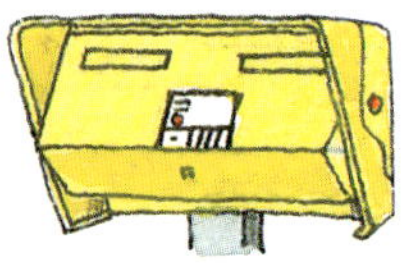

der Briefkasten
letter box

die Telefonzelle
phone booth

der Straßenmaler
street artist

der Straßenmusikant
street musician

die Müllcontainer
recycling bin

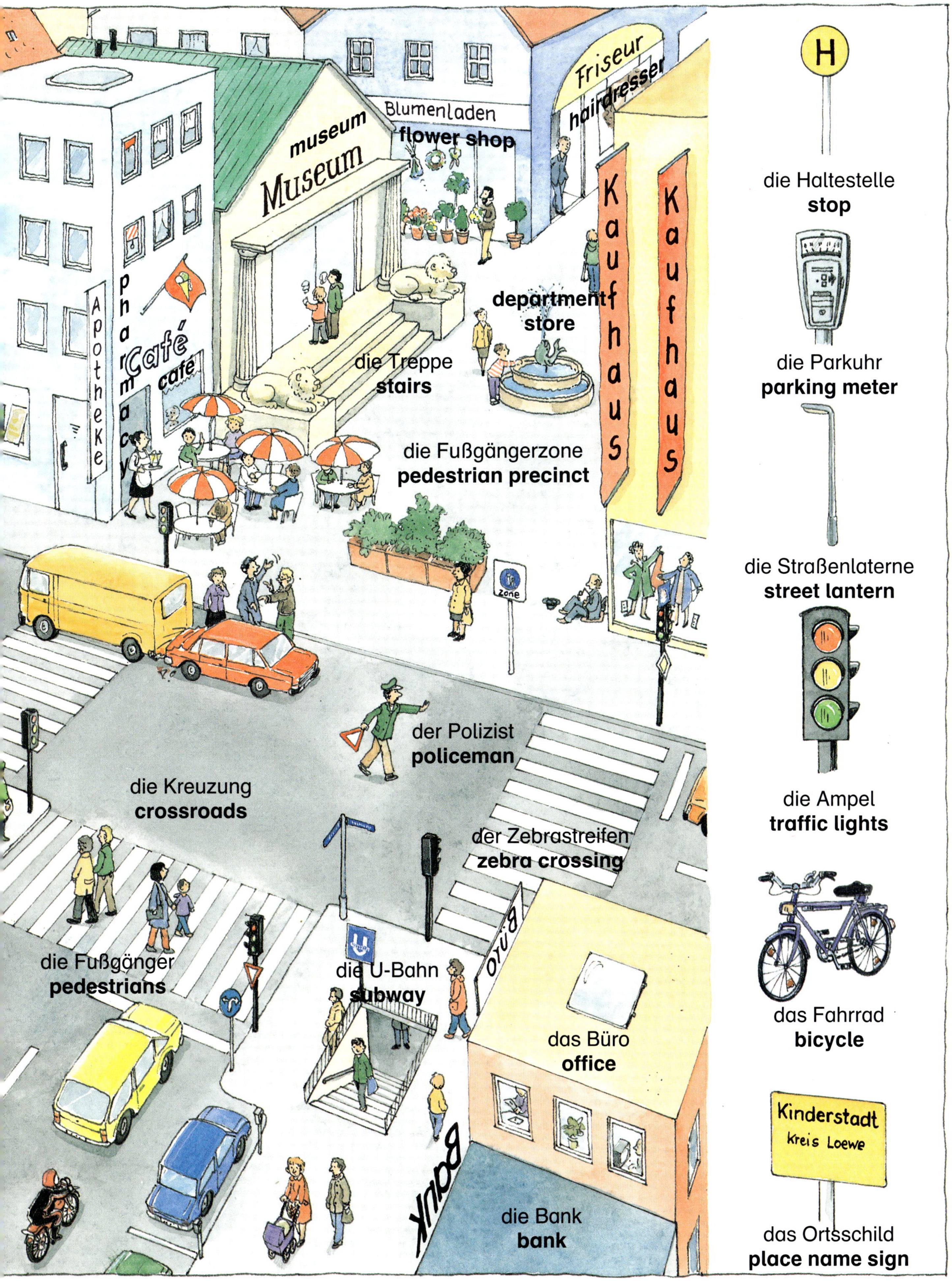

Friseur
hairdresser
Blumenladen
flower shop
museum
Museum
Apotheke
pharmacy
Café
café
department store
Kaufhaus
Kaufhaus
die Treppe
stairs
die Fußgängerzone
pedestrian precinct
Zone
der Polizist
policeman
die Kreuzung
crossroads
der Zebrastreifen
zebra crossing
die Fußgänger
pedestrians
die U-Bahn
subway
Büro
das Büro
office
Bank
die Bank
bank
H
die Haltestelle
stop
die Parkuhr
parking meter
die Straßenlaterne
street lantern
die Ampel
traffic lights
das Fahrrad
bicycle
Kinderstadt
Kreis Loewe
das Ortsschild
place name sign

Der Verkehr/**Traffic**

In der Luft/**In the Air**

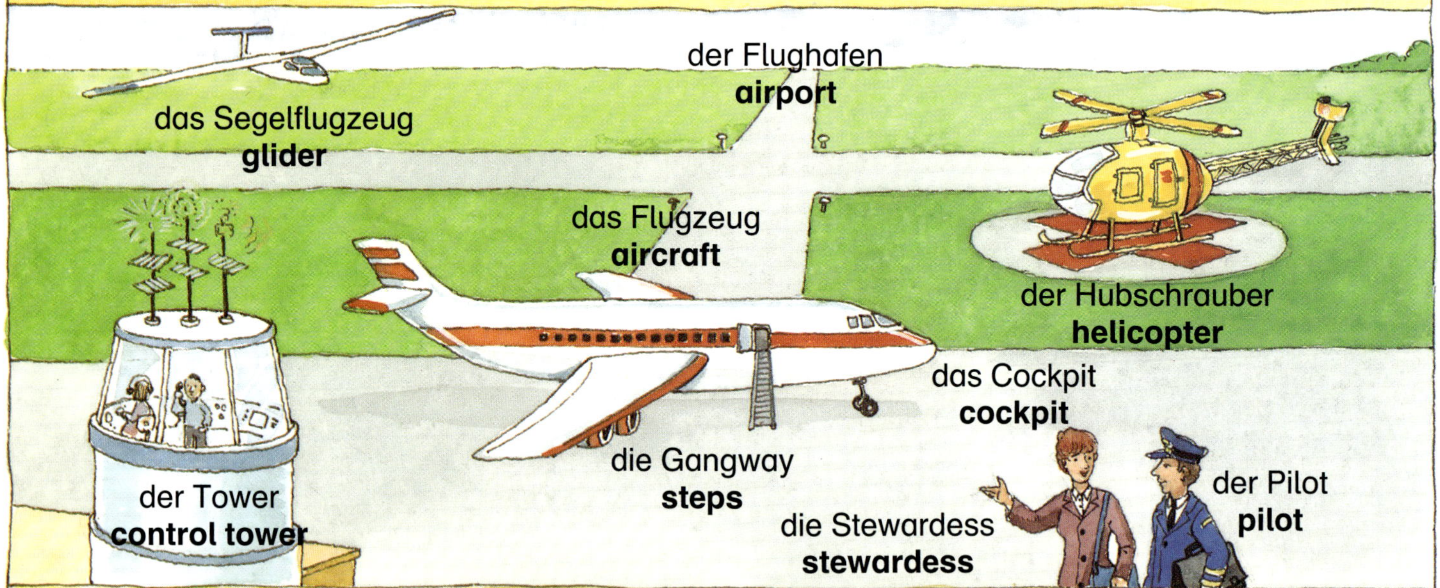

Auf dem Wasser/**At Water**

Auf den Schienen/**On the Tracks**

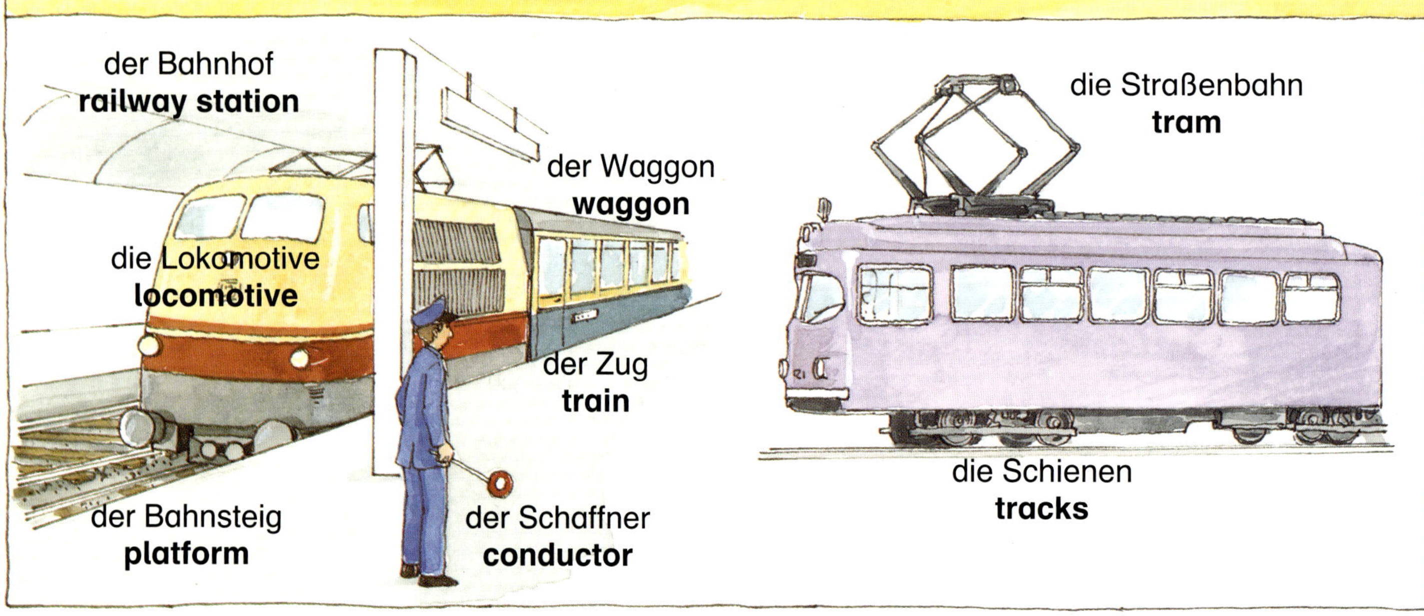

Auf der Straße/**In the Street**

das Auto
car

das Motorrad
motorcycle

der Lastwagen
lorry

das Verkehrsschild
traffic sign

das Benzin
petrol

die Tankstelle
petrol station

die Notrufsäule
emergency telephone

der Stau
traffic jam

der Verkehr
traffic

die Raststätte
service area

der Parkplatz
car park

die Autobahn
motorway

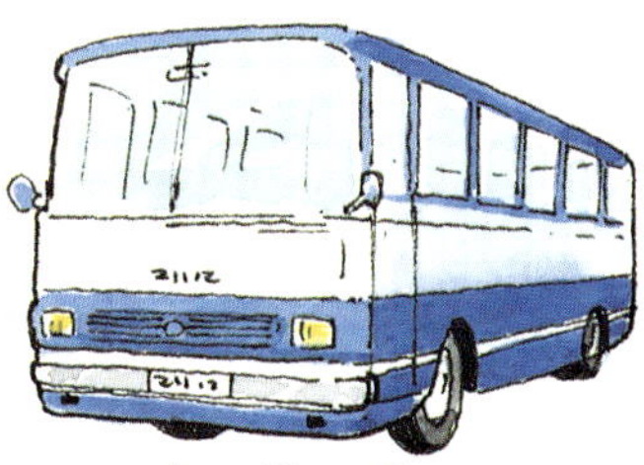

der Omnibus
coach

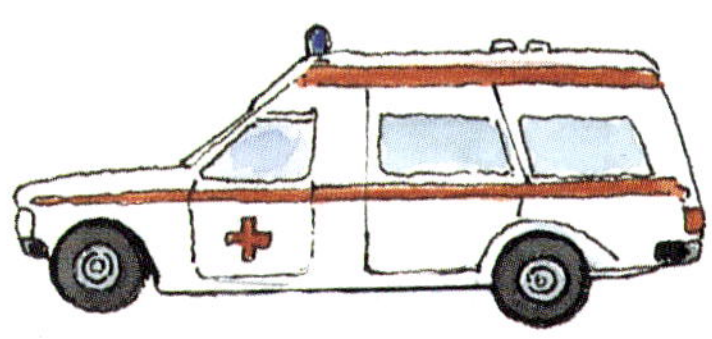

der Krankenwagen
ambulance

das Polizeiauto
police car

der Abschleppwagen
recovery vehicle

die Müllabfuhr
refuse collection

das Feuerwehrauto
fire engine

Im Supermarkt/**At the Supermarket**

die Nudeln
noodles

der Apfel
apple

die Birne
pear

die Banane
banana

die Zitrone
lemon

der Pfirsich
peach

das Mehl
flour

der Zucker
sugar

das Salz
salt

die Kirsche
cherry

die Papiertaschentücher
tissues

die Erdbeere
strawberry

die Sahne
cream

der Jogurt
yoghurt

die Mohrrübe
carrot

die Erbsen
peas

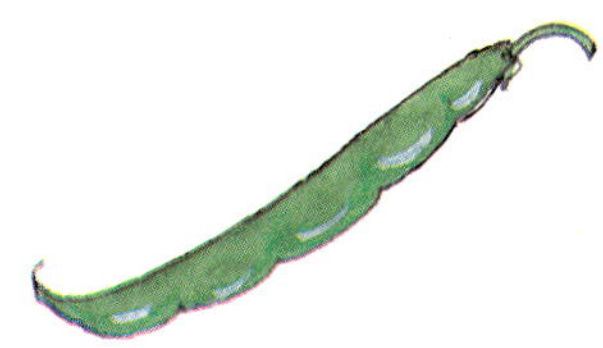

die Bohne
bean

die Flasche
bottle

die Kekse
biscuits

die Bonbons
sweets

die Schokolade
chocolate

der Lutscher
lollipop

der Kaugummi
chewing gum

Im Zoo/**At the Zoo**

der Hai
shark
der Fisch/fish
AQUARIUM
aquarium
die Schlange
snake
das Krokodil
crocodile
der Eisbär
polar bear
der Pandabär
panda
Bitte nicht füttern
der Tierwärter
zoo-keeper
der Tiger
tiger
der Seehund
seal
der Pinguin
penguin
der Esel
donkey
EIS
die Ziege
goat
der Pfau
peacock
das Pony
pony
Streichelzoo
pet zoo
das Nilpferd
hippo

In Wald und Wiese/**In the Forest and on the Meadow**

der Schwan
swan

die Spinne
spider

die Eidechse
lizard

der Frosch
frog

der Maulwurf
mole

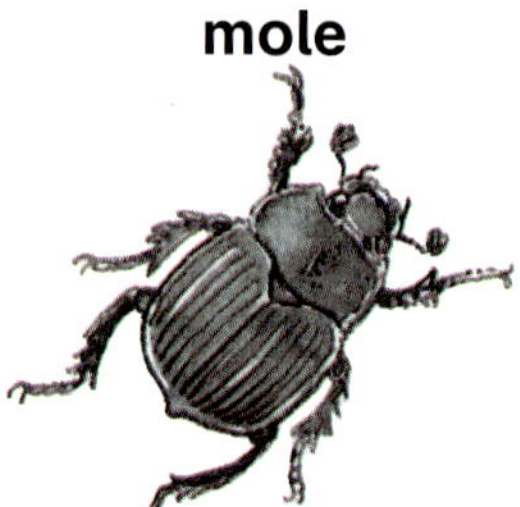

der Käfer
beetle

die Maus
mouse

der Igel
hedgehog

die Ameise
ant

der Berg
mountain
das Tal
valley
der Jäger
hunter
der Baum
tree
die Futterkrippe
manger
der Vogel
bird
der Ast
branch
das Gras
grass
der Stamm
trunk
die Pilze
mushrooms
das Reh
deer
der Rehbock
roebuck
der Fuchs
fox
das Wildschwein
wild pig
der Hase
hare
das Eichhörnchen
squirrel
die Eule
owl
die Schnecke
snail
die Fliege
fly
die Biene/**bee**

Auf dem Bauernhof/**At the Farm**

das Pferd
horse

das Fohlen
foal

die Kuh
cow

das Kalb
calf

der Stier/**bull**

das Schaf
sheep

das Lamm
lamb

das Schwein
pig

das Ferkel
piglet

das Feld
field
das Getreide
grain
der Mähdrescher
combine harvester
das Dach
roof
die Scheune
barn
die Strohballen
bales of straw
das Heu
hay
der Anhänger
trailer
der Hühnerstall
henhouse
der Stall
stable
ler Misthaufen
nanure heap
die Hundehütte
kennel
der Zaun
fence
das Kaninchen
rabbit
der Kaninchenstall
rabbit hutch
der Hund
dog
die Katze
cat
der Truthahn
turkey
der Hahn
cock
die Gans
goose
die Ente
duck
das Küken
chick
das Huhn
chicken

Was ich tue/**What I do**

gehen
to walk

rennen
to run

stehen
to stand

sitzen
to sit

liegen
to lie

schlafen
to sleep

träumen
to dream

aufwachen
to wake up

waschen
to wash

Zähne putzen
to brush one's teeth

kämmen
to comb

anziehen
to put on

malen
to draw

lesen
to read

schreiben
to write

singen
to sing

rechnen
to calculate

essen
to eat

trinken
to drink

spielen
to play

aufräumen
to tidy

umarmen
to embrace

streicheln
to pet

küssen
to kiss

zuhören
to listen

reden
to talk

weinen
to cry

lachen
to laugh

zeigen
to show

anschauen
to look at

schreien
to yell

flüstern
to whisper

ziehen
to pull

tragen
to carry

geben
to give

nehmen
to take

schieben
to push

springen
to jump

werfen
to throw

fangen
to catch

hinfallen
to fall down

Gegensätze/**Opposites**

dick **fat** | dünn **thin**

rau **rough** | glatt **smooth**

nass **wet** | trocken **dry**

vorne **in front of** | hinten **behind**

voll **full** | leer **empty**

groß **big** | klein **small**

sauber **clean** | schmutzig **dirty**

offen **open** | geschlossen **closed**

links **left** | rechts **right**

langsam **slow** | schnell **fast**

schwer **heavy** | leicht **light**

weich **soft**

hart **hard**

kurz **short**

lang **long**

heiß **hot** | kalt **cold**

viel
a lot of
wenig
little
fern
far
nah
near
hoch
high
niedrig
low
oben
on top
unten
at the bottom
traurig
sad
fröhlich
cheerful
richtig
right
falsch
wrong
laut
loud
leise
quiet
böse
nasty
lieb
kind
erster
first
letzter
last
krank
ill
gesund
healthy
weit
wide
eng
narrow
schön
beautiful
hässlich
ugly

Wetter, Jahreszeit und Monat/**Weather, Season and**

Months of the Year

Woche und Uhrzeit/**Days of the Week and Time**

Die Woche/**Days of the Week**

Monday **Tuesday** **Wednesday** **Thursday** **Friday** **Saturday** **Sunday**

eine Woche = 7 Tage
one week = 7 days

Die Uhrzeit/**The Time**

der große Zeiger
big hand

die Uhr
clock

das Zifferblatt
face

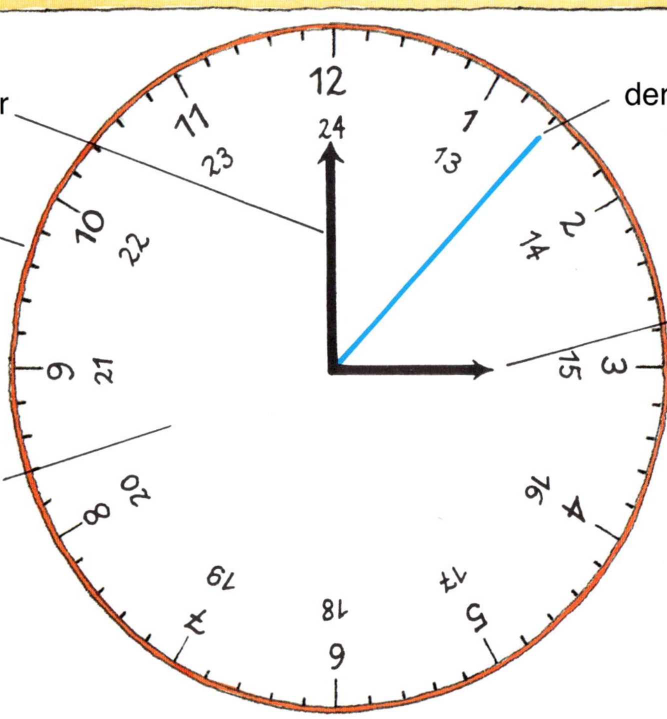

der Sekundenzeiger
second hand

der kleine Zeiger
small hand

ein Tag = 24 Stunden
one day = 24 hours

eine Minute = 60 Sekunden
one minute = 60 seconds

eine Stunde = 60 Minuten
one hour = 60 minutes

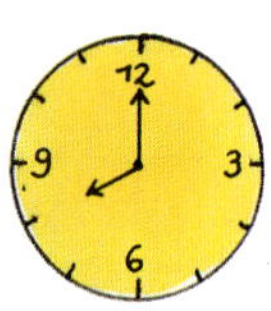

acht Uhr
eight o'clock

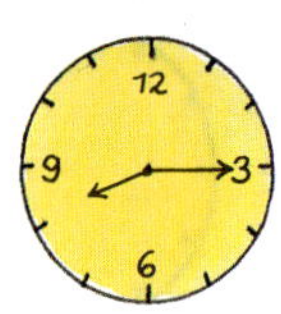

viertel nach acht
a quarter past eight

zwanzig nach acht
twenty past eight

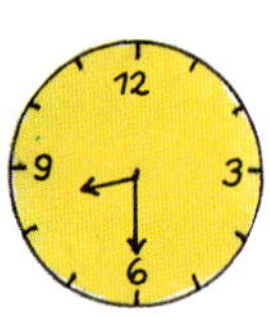

halb neun
half past eight

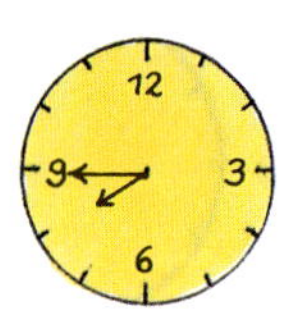

viertel vor neun
a quarter to nine

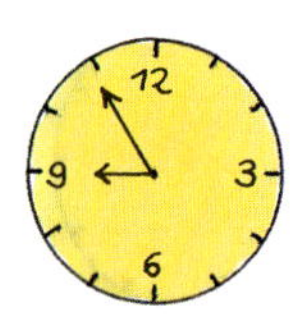

fünf vor neun
five to nine

Zahlen/**Numbers**

1 eins/**one**	2 zwei/**two**	3 drei/**three**	4 vier/**four**	5 fünf/**five**

6 sechs/**six**	7 sieben/**seven**	8 acht/**eight**	9 neun/**nine**	10 zehn/**ten**

11 elf/**eleven**	12 zwölf/**twelve**	13 dreizehn/**thirteen**	14 vierzehn/**fourteen**	15 fünfzehn/**fifteen**

16 sechzehn/**sixteen**	17 siebzehn/**seventeen**	18 achtzehn/**eighteen**	19 neunzehn/**nineteen**	20 zwanzig/**twenty**

Wörterliste

A

Abfluss	14	**drain** [dreɪn]
Abschleppwagen	25	**recovery vehicle** [rɪ'kʌvərɪ'vi:ɪkl]
acht	40, 41	**eight** [eɪt]
achtzehn	41	**eighteen** [eɪ'ti:n]
Affe	28	**monkey** ['mʌŋgkɪ]
Alphabet	21	**alphabet** ['ælfəbet]
Ameise	30	**ant** [ænt]
Ameisenhaufen	30	**anthill** ['ænt,hɪl]
Ampel	23	**traffic lights** ['træfɪk,laɪts]
Anhänger	33	**trailer** ['treɪlə^r]
Anker	24	**anchor** ['æŋkə^r]
Anorak	9	**anorak** ['ænəræk]
anschauen	35	**to look at** [tu: lʊk æt]
anziehen	34	**to put on** [tu: pʊt ɒn]
Apfel	26	**apple** ['æpl]
Apotheke	23	**pharmacy** ['fa:məsɪ]
April	39	**April** ['eɪprəl]
Aquarium	29	**aquarium** [ə'kweərɪəm]
Arm	7	**arm** [a:m]
Armband	9	**bracelet** ['breɪslɪt]
Armbanduhr	9	**wrist watch** ['rɪstwɒtʃ]
Ast	31	**branch** ['bra:ntʃ]
aufräumen	34	**to tidy up** [tu: taɪdɪ ʌp]
aufwachen	34	**to wake up** [tu: weɪk ʌp]
Auge	6	**eye** [aɪ]
Augenbraue	6	**eyebrow** ['aɪbraʊ]
August	39	**August** ['ɔ:gəst]
Auto	25	**car** [ka:^{r}]
Autobahn	25	**motorway** ['məʊtə^{r}weɪ]
Axt	32	**axe** [æks]

B

Backblech	11	**baking tray** ['beɪkɪŋ'treɪ]
Backe	6	**cheek** [tʃi:k]
Backofen	10	**oven** ['ʌvn]
Badeanzug	9	**swimming costume** ['swɪmɪŋ'kɒstju:m]
Badehose	9	**swimming trunks** ['swɪmɪŋtrʌŋks]
Bademantel	15	**bathrobe** ['ba:θrəʊb]
Badewanne	14	**bathtub** ['ba:θtʌb]
Badezimmer	14	**bathroom** ['ba:θru:m]
Bäckerei	26	**bakery** ['beɪkərɪ]
Bäuerin	32	**farmer** [fa:mə^r]
Bahnhof	24	**railway station** ['reɪlweɪ'steɪʃən]
Bahnsteig	24	**platform** ['plætfɔ:m]
Ball	18	**ball** ['bɔ:l]
Banane	26	**banana** [bə'na:nə]
Bank	23	**bank** [bæŋk]
Bauch	7	**stomach** ['stʌmək]
Bauer	32	**farmer** [fa:mə^r]
Bauernhaus	32	**farmhouse** ['fa:mhaʊz]
Bauernhof	32	**farm** [fa:m]
Bauklötze	19	**blocks** [blɒks]
Baum	31	**tree** [tri:]
Becher	11	**cup** [kʌp]
Bein	7	**leg** [leg]
Benzin	25	**petrol** ['petrəl]
Berg	31	**mountain** ['maʊntɪn]
Bett	18	**bed** ['bed]
Bettdecke	18	**blanket** ['blæŋkɪt]
Biene	31	**bee** [bi:]
Bikini	9	**bikini** [bɪ'ki:nɪ]
Bild	17	**picture** ['pɪktʃə^r]
Birne	26	**pear** [pɛə^r]
Blatt	20	**sheet** [ʃi:t]
Bleistift	21	**pencil** ['pensl]
Blitz	39	**lightning** ['laɪtnɪŋ]
Blockflöte	19	**recorder** [rɪ'kɔ:də^r]
Blumen	39	**flowers** [flaʊə^{r}s]
Blumenladen	23	**flowershop** ['flʊə^{r}ʃɒp]
Bluse	8	**blouse** [blaʊs]
böse	37	**nasty** ['na:stɪ]
Bohne	27	**bean** [bi:n]
Bonbons	27	**sweets** [swi:ts]
Braten	12	**roast meat** ['rəʊst'mi:t]
Bratkartoffeln	13	**fried potatoes** ['fraɪdpə'teɪtəʊs]
Bratwurst	12	**fried sausage** ['fraɪd'sɒsɪdʒ]
Braunbär	28	**brown bear** ['braʊnbɛə^r]
Brause	14	**shower** ['ʃaʊə^r]
Brett	11	**board** [bɔ:d]
Brezel	13	**pretzel** ['pretsl]
Briefkasten	28	**letter box** ['letə^{r}bɒks]
Brille	9	**glasses** [gla:sɪz]
Brötchen	12	**roll** [rəʊl]
Brot	12	**bread** [bred]
Brücke	30	**bridge** [brɪdʒ]
Brust	7	**breast** [brest]
Buch	17, 20, 22	**book** [bʊk]
Buchstabe	20	**letter** ['letə^r]
Büro	23	**office** ['ɒfɪs]
Bürste	10, 15	**brush** [brʌʃ]
Buntstift	21	**coloured pencil** ['kʌləd'pensl]
Butter	13	**butter** ['bʌtə^r]

C

Café	23	**café** ['kæfeɪ]
CD	16	**compact disc** [kəm'pækt'dɪsk]
CD-Spieler	16	**CD player** ['sɪ:dɪ:'pleɪə^r]
Cockpit	24	**cockpit** ['kɒkpɪt]
Comic	19	**comic** ['kɒmɪk]
Computer	19	**computer** [kəm'pju:tə^r]
Creme	15	**cream** [krɪ:m]

D

Dach	33	**roof** [ru:f]
Deckel	10	**lid** [lɪd]
Deodorant	14	**deodorant** [di:'əʊdərənt]
Dezember	38	**December** [dɪ'sembər]
dick	36	**fat** [fæt]
Dienstag	40	**Tuesday** ['tju:zdɪ]
Donner	39	**thunder** ['θʌndə^r]
Donnerstag	40	**Thursday** ['θɜ:zdɪ]
Dorf	30	**village** ['vɪlɪdʒ]
Dose	11	**tin** [tɪn]
Dosenöffner	11	**tin opener** ['tɪnəʊpənə^r]
Drachen	38	**kite** [kaɪt]
drei	41	**three** [θri:]
dreizehn	41	**thirteen** ['θɜ:ti:n]
dünn	36	**thin** [θɪn]
Dusche	14	**shower** ['ʃaʊə^r]
Duschgel	15	**shower gel** ['ʃaʊə^r'dʒel]
Duschvorhang	14	**shower curtain** ['ʃaʊə^r 'kɜ:tn]

E

Ei	13	**egg** [eg]
Eichhörnchen	31	**squirrel** ['skwɪrəl]
Eidechse	30	**lizard** ['lɪzəd]
Eierbecher	11	**eggcup** [eg'kʌp]
Eingang	28	**entry** ['entrɪ]
Einkaufswagen	26	**trolley** ['trɒlɪ]
Einkaufszettel	26	**shopping list** ['ʃɒpɪŋ'lɪst]
eins	41	**one** [wʌn]
Eis	13	**ice-cream** [aɪskrɪ:m]
Eisbär	29	**polar bear** ['pəʊlə^{r}bɛə^r]
Eisenbahn	19	**railway** ['reɪlweɪ]

Elefant 28 **elephant** [ˈelɪfənt]
elf 41 **eleven** [ɪˈlevn]
Ellenbogen 7 **elbow** [ˈelbəʊ]
eng 37 **narrow** [ˈnærəʊ]
Ente 33 **duck** [dʌk]
Erbsen 27 **peas** [pi:s]
Erdbeere 26 **strawberry** [ˈstrɔ:bərɪ]
erster 37 **first** [fɜ:st]
Esel 29 **donkey** [ˈdɒŋkɪ]
essen 34 **to eat** [tu: i:t]
Esslöffel 11 **spoon** [spu:n]
Esszimmer 12 **dining-room** [daɪnɪŋˈru:m]
Eule 31 **owl** [aʊl]

F

Fähre 24 **ferry** [ˈferɪ]
Fahrrad 23 **bicycle** [ˈbaɪsɪkl]
falsch 37 **wrong** [rɒŋ]
Familie 28 **family** [ˈfæmɪlɪ]
fangen 35 **to catch** [tu: kætʃ]
Farbkasten 20 **paintbox** [ˈpeɪntbɒks]
Februar 38 **February** [ˈfebrʊərɪ]
Federmäppchen 21 **pencil case** [ˈpenslˈkeɪs]
Feld 33 **field** [fi:ld]
Fenster 19 **window** [ˈwɪndəʊ]
Ferkel 32 **piglet** [pɪglet]
fern 37 **far** [fɔ:ʳ]
Fernbedienung 17 **remote control** [rɪˈməʊtkɒnˈtrəʊl]
Fernseher 16 **television set** [ˈtelɪvɪʒənset]
Ferse 7 **heel** [hi:l]
Feuer 17 **fire** [faɪəʳ]
Feuerwehrauto 25 **fire engine** [faɪəʳˈendʒɪn]
Filzstift 21 **felt-tip pen** [ˈfeltˈtɪp pen]
Finger 7 **finger** [ˈfiŋgəʳ]
Fisch 12, 29 **fish** [fɪʃ]
Fischstäbchen 12 **fish fingers** [fɪʃˈfɪŋgəʳs]
Flasche 27 **bottle** [ˈbɒtl]
Fleisch 27 **meat** [mi:t]
Fliege 31 **fly** [flaɪ]
Fliesen 15 **tiles** [taɪls]
flüstern 35 **to whisper** [tu: ˈwɪspəʳ]
Flughafen 24 **airport** [ˈeərpɔ:t]
Flugzeug 24 **aircraft** [ˈeərkra:ft]
Fluss 30 **river** [ˈrɪvəʳ]
Föhn 15 **hair-dryer** [ˈhɛəʳdraɪəʳ]
Fohlen 32 **foal** [fəʊl]
Foto 17 **photo** [ˈfəʊtə]
Frau 17 **woman** [ˈwʊmən]
Freitag 40 **Friday** [ˈfraɪdɪ]
Friseur 23 **hairdresser** [ˈhɛəʳdresəʳ]
fröhlich 37 **cheerful** [ˈtʃɪəfʊl]
Frosch 30 **frog** [frɒg]
Frost 38 **frost** [frɒst]
Frühling 39 **spring** [sprɪŋ]
Fuchs 31 **fox** [fɒks]
Füller 21 **fountain pen** [ˈfaʊntɪn pen]
fünf 40, 41 **five** [faɪv]
fünfzehn 41 **fifteen** [fɪfˈtɪ:n]
Fuß 7 **foot** [fʊt]
Fußgänger 23 **pedestrians** [pɪˈdestrɪəns]
Fußgängerzone 23 **pedestrian precinct** [pɪˈdestrɪənˈpri:sɪŋkt]
Futterkrippe 31 **manger** [ˈmeɪndʒəʳ]

G

Gabel 11 **fork** [fɔ:k]
Gameboy 18 **Gameboy** [ˈgeɪmbɔɪ]
Gangway 24 **steps** [steps]
Gans 33 **goose** [gu:s]
Garderobe 20 **hall-stand** [ˈha:lstænd]
Garten 32 **garden** [ˈga:dn]
geben 35 **to give** [tu: gɪv]
Gefrierschrank 11 **freezer** [ˈfrɪ:zəʳ]
Gegensätze 36 **opposites** [ˈɒpəzɪts]
gehen 34 **to walk** [tu: wɔ:k]
Gehweg 22 **pavement** [ˈpeivmənt]
Gemüse 13, 26 **vegetables** [ˈvedʒɪtəblz]
Geschirr 11 **dishes** [dɪʃɪz]
Geschirrspülmaschine 10 **dishwasher** [ˈdɪʃwɒʃəʳ]
Geschirrtuch 10 **tea towel** [ˈti:ˈtaʊəl]
geschlossen 36 **closed** [kləʊzd]
Gesicht 6 **face** [feɪs]
gesund 37 **healthy** [ˈhelθɪ]
Getränke 27 **beverages** [ˈbevərɪdʒɪz]
Getreide 33 **grain** [greɪn]
Gewitter 39 **thunderstorm** [ˈθʌndəʳstɔ:m]
Gewürze 11 **spices** [spaɪsɪz]
Giraffe 28 **giraffe** [dʒɪˈra:f]
Gitarre 19 **guitar** [gɪˈta:ʳ]
Glas 11 **glass** [gla:s]
glatt 36 **smooth** [smu:ð]
Glied 7 **penis** [ˈpi:nɪs]
Glühbirne 17 **light bulb** [ˈlaɪtbʌlb]
Gorilla 28 **gorilla** [gəˈrɪlə]
Gras 31 **grass** [gra:s]
groß 36 **tall** [tɔ:l]
großer Zeiger 40 **big hand** [bɪghænd]
Gürtel 8 **belt** [belt]
Gummistiefel 9 **rubber boots** [ˈrʌbəʳˈbu:ts]

H

Haare 6 **hair** [hɛəʳ]
Haargummi 15 **rubber band** [ˈrʌbəʳbænd]
Haarspange 15 **hair slide** [ˈhɛəʳ slaɪd]
Haarspray 15 **hair spray** [ˈhɛəʳspraɪ]
Hähnchen 12 **chicken** [ˈtʃɪkɪn]
hässlich 37 **ugly** [ˈʌglɪ]
Hafen 24 **harbour** [ˈha:bəʳ]
Hagel 38 **hailstorm** [ˈheɪlstɔ:m]
Hahn 33 **cock** [kɒk]
Hai 29 **shark** [ʃa:k]
halb 40 **half** [ha:f]
Hals 7 **neck** [nek]
Halskette 9 **necklace** [ˈneklɪs]
Haltestelle 23 **stop** [stɒp]
Hamburger 12 **hamburger** [ˈhæm,bɜ:gəʳ]
Hand 7 **hand** [hænd]
Handpuppe 18 **glove puppet** [glʌv ˈpʌpɪt]
Handschuhe 9 **gloves** [glʌvz]
Handtuch 15 **towel** [ˈtaʊəl]
hart 36 **hard** [ha:d]
Hase 31 **hare** [hɛəʳ]
Haus 22 **house** [haʊz]
Haushaltsartikel 26 **household articles** [ˈhaʊshəʊld a:tɪkls]
Hausschuhe 9 **slippers** [ˈslɪpəʳs]
Heft 21 **book** [bʊk]
heiß 36 **hot** [hɒt]
Hemd 8 **shirt** [ʃɜ:t]
Herbst 38 **autumn** [ˈɔ:təm]
Herd 10 **stove** [stəʊv]
Heu 33 **hay** [heɪ]
Himmel 39 **sky** [skaɪ]
hinfallen 35 **to fall down** [tu: fɔ:l ˈdaʊn]
hinten 36 **behind** [bɪˈhaɪnd]
Hitze 39 **heat** [hi:t]

hoch ... 37 **high** [haɪ]
Holz ... 16 **wood** [wʊd]
Honig ... 12 **honey** ['hʌnɪ]
Hose ... 8 **trousers** ['traʊzɪz]
Hotel ... 22 **hotel** [həʊ'tel]
Hubschrauber ... 24 **helicopter** ['helɪkɒptəʳ]
Hühnerstall ... 33 **henhouse** ['henhaʊz]
Huhn ... 33 **chicken** ['tʃɪkɪn]
Hund ... 33 **dog** [dɒg]
Hundehütte ... 33 **kennel** ['kenl]

I

Igel ... 30 **hedgehog** ['hedʒhɒg]
Imbiss ... 22 **snack bar** ['snækba:ʳ]

J

Jacke ... 9 **jacket** ['dʒækɪt]
Jäger ... 31 **hunter** [hʌntəʳ]
Jahr ... 38 **year** [jiə]
Jahreszeit ... 38 **season** ['si:zn]
Januar ... 38 **January** ['dʒænjʊərɪ]
Jeans ... 8 **jeans** [dʒi:ns]
Jogurt ... 27 **yoghurt** ['jɒgət]
Juli ... 39 **July** [dʒu:'laɪ]
Junge ... 39 **boy** [bɔɪ]
Juni ... 39 **June** [dʒu:n]

K

Käfer ... 30 **beetle** ['bi:tl]
Käfig ... 28 **cage** [keɪtʃ]
kämmen ... 34 **to comb** [tu: kəʊm]
Känguru ... 28 **kangaroo** [kæŋgə'ru:]
Käse ... 12, 26 **cheese** [tʃɪ:z]
Kaffee ... 13 **coffee** ['kɒfɪ]
Kaffeemaschine ... 11 **coffee machine** ['kɒfɪ mæ'ʃɪ:n]
Kakao ... 12 **cocoa** ['kəʊkəʊ]
Kalb ... 32 **calf** [ka:f]
kalt ... 36 **cold** [kəʊld]
Kamel ... 28 **camel** ['kæməl]
Kamin ... 17 **fireplace** ['faɪəʳpleɪs]
Kamm ... 15 **comb** [kəʊm]
Kaninchen ... 33 **rabbit** ['ræbɪt]
Kaninchenstall ... 33 **rabbit hutch** ['ræbɪthʌtʃ]
Kanne ... 13 **pot** [pɒt]
Kapitän ... 24 **captain** ['kæptɪn]
Kartenspiel ... 18 **deck of cards** [dekɒfka:ds]
Kasse ... 27 **cash register** [kæʃ'redʒɪstəʳ]
Kassette ... 16 **cassette** [kæ'set]
Kassettenrekorder ... 16 **cassette recorder** [kæ'setrɪ'kɔ:dəʳ]
Katze ... 33 **cat** [kæt]
Kaufhaus ... 23 **department store** [dɪ'pa:tməntstɔ:ʳ]
Kaufmannsladen ... 18 **toy grocer's shop** [tɔɪ 'grəʊsəʳs 'ʃɒp]
Kaugummi ... 27 **chewing gum** ['tʃu:ɪŋgʌm]
Kekse ... 27 **biscuits** ['bɪskɪts]
Kerze ... 16 **candle** ['kændl]
Kerzenständer ... 16 **candlestick** ['kændlstɪk]
Ketschup ... 13 **ketchup** ['ketʃəp]
Kinder ... 38 **children** ['tʃɪldrən]
Kinderzimmer ... 18 **children's room** ['tʃɪldrənsru:m]
Kinn ... 6 **chin** [tʃɪn]
Kino ... 22 **cinema** ['sɪnəmə]
Kirche ... 22 **church** [tʃɜ:tʃ]
Kirsche ... 26 **cherry** ['tʃerɪ]
Kissen ... 17 **cushion** ['kʊʃən]
Klassenbuch ... 20 **register** ['redʒɪstəʳ]
Klassenzimmer ... 20 **classroom** ['kla:sru:m]
Klebstoff ... 21 **glue** [glu:]
Kleid ... 9 **dress** [dres]
Kleiderbügel ... 9 **coathanger** [kəʊt'hæŋgəʳ]
Kleiderschrank ... 9 **wardrobe** ['wɔ:drəʊb]
Kleidung ... 8 **clothes** ['kləʊðz]
klein ... 36 **short** [ʃɔ:t]
kleiner Zeiger ... 40 **small hand** [smɔ:lhænd]
Knie ... 7 **knee** [ni:]
Knopf ... 8 **button** ['bʌtn]
Kochlöffel ... 11 **cooking spoon** ['kʊkɪŋspu:n]
Körper ... 7 **body** ['bɒdɪ]
Konserven ... 26 **tinned food** [tind'fu:d]
Kopf ... 7 **head** [hed]
Kopfkissen ... 18 **pillow** ['pɪləʊ]
Korkenzieher ... 11 **corkscrew** ['kɔ:kskru:]
krank ... 37 **ill** [ɪl]
Krankenwagen ... 25 **ambulance** ['æmbjʊləns]
Kreide ... 20 **chalk** [tʃɔ:k]
Kreuzung ... 23 **crossroads** ['krɒsrəʊds]
Krokodil ... 29 **crocodile** ['krɒkədaɪl]
Kuchen ... 13 **cake** [keɪk]
Kuchenform ... 10 **cake tin** ['keɪktɪn]
Küche ... 10 **kitchen** ['kɪtʃɪn]
Küchenmesser ... 11 **kitchen knife** ['kɪtʃɪnnaɪf]
Küchenrolle ... 10 **kleenex** ['kli:neks]
Kühlschrank ... 11 **refrigerator** [rɪ'frɪdʒəreɪtəʳ]
Küken ... 33 **chick** ['tʃɪk]
küssen ... 35 **to kiss** [tu: kɪs]
Kugelschreiber ... 21 **biro** ['baɪrəʊ]
Kuh ... 32 **cow** [kaʊ]
Kunde ... 27 **client** ['klaɪənt]
Kundin ... 27 **client** ['klaɪənt]
kurz ... 36 **short** [ʃɔ:t]
kurze Hose ... 8 **shorts** [ʃɔ:ts]
Kuscheltier ... 18 **stuffed animal** [stʌfd'ænɪməl]

L

lachen ... 35 **to laugh** [tu: la:f]
Lamm ... 32 **lamb** [læm]
Lampe ... 17 **lamp** [læmp]
Landkarte ... 21 **map** [mæp]
lang ... 36 **long** [lɒŋ]
langsam ... 36 **slow** [sləʊ]
Lastwagen ... 25 **lorry** ['lɒrɪ]
Latzhose ... 8 **dungarees** [dʌŋgə'rɪ:z]
laut ... 37 **loud** [laʊd]
leer ... 36 **empty** ['emptɪ]
Legosteine ... 19 **lego** [lego]
Lehrerin ... 21 **teacher** [ti:tʃəʳ]
leicht ... 36 **light** [laɪt]
leise ... 37 **quiet** ['kwaɪət]
Leiter ... 18 **ladder** ['lædəʳ]
lesen ... 34 **to read** [tu: ri:d]
letzter ... 37 **last** [la:st]
lieb ... 37 **kind** [kaɪnd]
liegen ... 34 **to lie** [tu: laɪ]
Lineal ... 20 **ruler** ['ru:ləʳ]
links ... 36 **left** [left]
Lippe ... 6 **lip** [lɪp]
Lippenstift ... 14 **lipstick** [lɪpstɪk]
Litfaßsäule ... 22 **advertising column** ['ædvətaɪzɪŋ'kɒləm]
Löwe ... 28 **lion** [laɪən]
Lokomotive ... 24 **locomotive** [ləʊkəʊ'məʊtɪv]
Luft ... 24 **air** ['eər]
Luftballon ... 18 **balloon** [bə'lu:n]
Luftkissenboot ... 24 **hovercraft** ['hɒvəʳkra:ft]
Lutscher ... 27 **lollipop** ['lɒlɪpɒp]

M

Mädchen . . . . 39 **girl** [gɜ:l]
Mähdrescher . . . . 33 **combine harvester** [kəm'baɪn 'ha:vɪstəʳ]
März . . . . 39 **March** [ma:tʃ]
Mai . . . . 39 **May** [meɪ]
malen . . . . 34 **to draw** [tu: drɔ:]
Mann . . . . 17 **man** [mæn]
Mantel . . . . 9 **coat** [kəʊt]
Marionette . . . . 18 **puppet** ['pʌpɪt]
Marmelade . . . . 13 **jam** [dʒæm]
Matrose . . . . 24 **sailor** ['seɪləʳ]
Maulwurf . . . . 30 **mole** [məʊl]
Maus . . . . 30 **mouse** [maʊs]
Meer . . . . 39 **sea** [si:]
Mehl . . . . 26 **flour** ['flaʊəʳ]
Messer . . . . 11 **knife** [naɪf]
Mikrowellenherd . . . . 11 **microwave oven** ['maɪkrəʊweɪf'ʌvn]
Milch . . . . 12 **milk** [mɪlk]
Milchkännchen . . . . . . 13 **milk jar** ['mɪlkdʒʌr]
Minute . . . . 40 **minute** ['mɪnɪt]
Misthaufen . . . . 33 **manure heap** [mən'jʊəʳhɪ:p]
Mittwoch . . . . 40 **Wednesday** ['wenzdɪ]
Mohrrübe . . . . 27 **carrot** ['kærət]
Monat . . . . 38 **month** ['mʌnθ]
Montag . . . . 40 **Monday** ['mʌndɪ]
Motorboot . . . . 24 **motorboat** ['məʊteʳbəʊt]
Motorrad . . . . 25 **motorcycle** ['məʊteʳ,saɪkl]
Müllabfuhr . . . . 25 **refuse collection** [rɪ'fju:z kə'lekʃən]
Müllcontainer . . . . 22 **recycling bin** [,ri:'saɪklɪŋbɪn]
Mülleimer . . . . 10 **rubbish bin** ['rʌbɪʃbɪn]
Müsli . . . . 12 **muesli** [mʊslɪ]
Mütze . . . . 9 **cap** [kæp]
Mund . . . . 6 **mouth** ['maʊθ]
Murmeln . . . . 19 **marbles** ['ma:bls]
Museum . . . . 23 **museum** [mju:'zɪəm]
Mutter . . . . 13 **mother** ['mʌðəʳ]

N

Nachthemd . . . . 8 **nightdress** ['naɪtdres]
Nacken . . . . 7 **neck** [nek]
Nageletui . . . . 14 **nailcare-set** ['naɪlkɛəʳset]
nah . . . . 37 **near** [nɪəʳ]
Nase . . . . 6 **nose** [nəʊs]
Nashorn . . . . 28 **rhino** ['raɪnəʊ]
nass . . . . 36 **wet** [wet]
Nebel . . . . 39 **fog** [fɒg]
nehmen . . . . 35 **to take** [tu: teɪk]
neun . . . . 40, 41 **nine** [naɪn]
neunzehn . . . . 41 **nineteen** [naɪn'ti:n]
niedrig . . . . 37 **low** [ləʊ]
Nilpferd . . . . 29 **hippo** ['hɪpəʊ]
Notrufsäule . . . . 25 **emergency telephone** [ɪ'mɜdʒənsɪ'telɪfəʊn]
November . . . . 38 **November** [nəʊ'vembəʳ]
Nudelholz . . . . 10 **rolling pin** [rəʊlɪŋpɪn]
Nudeln . . . . 26 **noodles** [nu:dls]

O

oben . . . . 37 **on top** [ɒn tɒp]
Obst . . . . 26 **fruit** [fru:t]
Obstbäume . . . . 32 **fruit trees** ['fru:t'trɪ:s]
offen . . . . 36 **open** ['əʊpən]
Ohr . . . . 6 **ear** [ɪəʳ]
Ohrring . . . . 9 **earring** [ɪ'əʳrɪŋ]
Oktober . . . . 38 **October** [ɒk'təʊbəʳ]
Omnibus . . . . 25 **coach** [kəʊtʃ]
Ordner . . . . 20 **file** [faɪl]
Ortsschild . . . . 23 **place name sign** ['pleɪs'neɪm'saɪn]

P

Pandabär . . . . 29 **panda** ['pænda]
Papagei . . . . 28 **parrot** ['paerət]
Papierkorb . . . . 20 **bin** [bɪn]
Papiertaschentücher . 26 **tissues** ['tɪʃju:s]
Parfüm . . . . 14 **perfume** ['pɜ:fju:m]
Parkplatz . . . . 25 **car park** ['ka:ʳ pa:k]
Parkuhr . . . . 23 **parking meter** ['pa:kɪŋ'mi:təʳ]
Patrone . . . . 21 **cartridge** ['ka:trɪdʒ]
Pausenbrot . . . . 20 **snack** [snæk]
Pfanne . . . . 10 **pan** [pæn]
Pfannenwender . . . . . 11 **scraper** ['skreɪpəʳ]
Pfau . . . . 29 **peacock** ['pɪ:kɒk]
Pfeffermühle . . . . 13 **pepper-mill** [pepeʳmɪl]
Pferd . . . . 32 **horse** [hɔ:s]
Pfirsich . . . . 26 **peach** [pi:tʃ]
Pflug . . . . 32 **plough** [plaʊ]
Pilot . . . . 24 **pilot** ['paɪlət]
Pilze . . . . 31 **mushrooms** ['mʌʃrʊms]
Pinguin . . . . 29 **penguin** ['peŋgwɪn]
Pinsel . . . . 20 **brush** [brʌʃ]
Pizza . . . . 12 **pizza** ['pi:tsə]
Po . . . . 7 **bottom** ['bɒtəm]
Polizeiauto . . . . 25 **police car** [pə'li:ska:ʳ]
Polizist . . . . 23 **policeman** [pə'li:smæn]
Pommes frites . . . . . . 12 **chips** [tʃɪps]
Pony . . . . 29 **pony** ['pəʊnɪ]
Post . . . . 22 **post office** ['pəʊst'ɒfɪs]
Poster . . . . 18 **poster** ['pəʊstəʳ]
Pudding . . . . 13 **pudding** ['pʊdɪŋ]
Pullover . . . . 8 **jumper** ['dʒʌmpəʳ]
Puppe . . . . 18 **doll** [dɒl]
Puppenhaus . . . . 18 **doll's house** [dɒlshaʊs]
Puppenwagen . . . . . . 18 **doll's pram** [dɒlspræm]
Puzzle . . . . 18 **jigsaw puzzle** ['dʒɪgsɔ:pʌzl]

Q

Quark . . . . 13 **curd cheese** [kɜ:dtʃɪ:z]

R

Radiergummi . . . . 21 **rubber** ['rʌbəʳ]
Radio . . . . 16 **radio** ['reɪdɪəʊ]
Rasierapparat . . . . . . 15 **razor** ['reɪzəʳ]
Rasierwasser . . . . 14 **aftershave lotion** ['a:ftəʳʃeɪvləʊʃən]
Raststätte . . . . 25 **service area** ['sɜ:vɪs 'ɛərɪə]
Rathaus . . . . 22 **town hall** ['taʊn hɔ:l]
rau . . . . 36 **rough** [rʌf]
rechnen . . . . 34 **to calculate** [tu: 'kælkjʊleɪt]
rechts . . . . 36 **right** [raɪt]
reden . . . . 35 **to talk** [tu: tɔ:k]
Regal . . . . 19 **shelves** [ʃelfz]
Regen . . . . 39 **rain** [reɪn]
Regenbogen . . . . 39 **rainbow** ['reɪnbəʊ]
Regenjacke . . . . 9 **raincoat** ['reɪnkəʊt]
Regenschirm . . . . 9 **umbrella** [ʌm'brelə]
Reh . . . . 31 **deer** [dɪəʳ]
Rehbock . . . . 31 **roebuck** ['rəʊbʌk]
Reibe . . . . 10 **grater** [greɪtəʳ]
Reinigungsmittel . . . . 26 **cleansing agents** ['klenzɪŋ'eɪdʒəntz]
Reis . . . . 13 **rice** [raɪs]
Reißverschluss . . . . . . 8 **zipper** ['zɪpəʳ]
Reklame . . . . 22 **advertisement** [æd'vɜ:ʳtɪsmənt]
rennen . . . . 34 **to run** [tu: rʌn]
Restaurant . . . . 22 **restaurant** ['restərɔ:ŋ]
richtig . . . . 37 **right** [raɪt]
Ring . . . . 9 **ring** [rɪŋ]
Rock . . . . 8 **skirt** [skɜ:t]
Rücken . . . . 7 **back** ['bæk]

S

Deutsch	Seite	Englisch
Saft	13	**juice** [dʒu:s]
Sahne	27	**cream** [kri:m]
Salat	13	**salad** ['sæləd]
Salz	26	**salt** [sɔ:lt]
Salzstreuer	13	**salt shaker** [sɔ:lt'ʃeɪkəʳ]
Samstag	40	**Saturday** ['sætədɪ]
Sandalen	9	**sandals** [sændls]
sauber	36	**clean** [kli:n]
Schaf	32	**sheep** [ʃi:p]
Schaffner	24	**conductor** [kən'dʌktəʳ]
Schal	9	**scarf** [skɔ:f]
Schallplatte	16	**record** ['rekɔ:d]
Schallplattenspieler	16	**record player** ['rekɔ:dpleɪəʳ]
Schaumbad	15	**bubble bath** ['bʌblba:θ]
Scheide	7	**vagina** [və'dʒaɪnə]
Schere	21	**scissors** ['sɪzəz]
Scheune	33	**barn** [ba:n]
schieben	35	**to push** [tu: pʊʃ]
Schienen	24	**tracks** [træks]
Schiff	24	**ship** [ʃɪp]
Schlafanzug	8	**pyjamas** [pə'dʒa:məz]
schlafen	34	**to sleep** [tu: sli:p]
Schlange	29	**snake** [sneɪk]
Schminkzeug	14	**make-up** ['meɪkʌp]
schmutzig	36	**dirty** ['dɜ:tɪ]
Schnecke	31	**snail** [sneɪl]
Schnee	38	**snow** [snəʊ]
Schneebesen	11	**whisk** [wɪsk]
schnell	36	**fast** [fa:st]
Schnitzel	12	**schnitzel** ['ʃnɪtsəl]
schön	37	**beautiful** ['bju:tɪfʊl]
Schokolade	27	**chocolate** ['tʃɒklɪt]
Schrank	16	**cabinet** ['kæbɪnɪt]
schreiben	34	**to write** [tu: raɪt]
Schreibtisch	19	**desk** [desk]
schreien	35	**to yell** [tu: jel]
Schubkarre	32	**wheelbarrow** ['wi:l,bærəʊ]
Schüler	21	**pupil** [pju:pl]
Schülerin	21	**pupil** [pju:pl]
Schürze	11	**apron** ['eɪprən]
Schüssel	10	**bowl** [bəʊl]
Schuhe	9	**shoes** [ʃu:z]
Schulbuch	20	**school book** ['sku:lbʊk]
Schule	20	**school** ['sku:l]
Schulhof	20	**school playground** ['sku:l'pleɪgraʊnd]
Schulranzen	20	**satchel** [sætʃəl]
Schulter	7	**shoulder** ['ʃəʊldəʳ]
Schwamm	10, 21	**sponge** [spɒndʒ]
Schwan	30	**swan** [swɒn]
Schwein	32	**pig** [pɪg]
schwer	36	**heavy** ['hevɪ]
sechs	41	**six** [sɪks]
sechzehn	41	**sixteen** [,sɪks'ti:n]
See	30	**lake** [leɪk]
Seehund	29	**seal** [si:l]
Segelflugzeug	24	**glider** [glaɪdəʳ]
Seife	15	**soap** [səʊp]
Sekunde	40	**second** ['sekənd]
Sekundenzeiger	40	**second hand** ['sekənd'hænd]
Senf	13	**mustard** ['mʌstəd]
Sense	32	**scythe** [saɪð]
September	38	**September** [sep'tembəʳ]
Serviette	13	**napkin** ['næpkɪn]
Sessel	17	**easy chair** ['ɪ:zɪ'tʃɛəʳ]
Setzkasten	20	**case** [keɪs]
Shampoo	15	**shampoo** [ʃæm'pu:]
Sieb	10	**sieve** [si:v]
sieben	41	**seven** ['sevn]
siebzehn	41	**seventeen** [,sevn'ti:n]
singen	34	**to sing** [tu: sɪŋ:]
sitzen	34	**to sit** [tu: sɪt]
Socken	8	**socks** [sɒks]
Sofa	17	**sofa** [səʊfə]
Sommer	39	**summer** ['sʌməʳ]
Sonderangebot	26	**sale** [seɪl]
Sonne	39	**sun** [sʌn]
Sonntag	40	**Sunday** ['sʌndeɪ]
Soße	12	**sauce** [sɔ:s]
Spagetti	12	**spaghetti** [spə'getɪ]
Spiegel	15	**mirror** ['mɪrəʳ]
Spiegelei	12	**fried egg** ['fraɪdeg]
Spielbrett	19	**board** [bɔ:d]
spielen	34	**to play** [tu: 'pleɪ]
Spielkiste	19	**toy box** ['tɔɪbɒks]
Spielsteine	19	**pieces** [pi:sɪz]
Spielzeugauto	18	**toy car** ['tɔɪkɔ:ʳ]
Spinne	30	**spider** ['spaɪdəʳ]
Spitzer	21	**sharpener** ['ʃa:pnəʳ]
springen	35	**to jump** [tu: dʒʌmp]
Spüle	10	**sink** [sɪŋk]
Spülmittel	10	**washing-up liquid** ['wɒʃɪŋʌplɪkwɪd]
Stadt	22	**town** [taʊn]
Stadtbücherei	22	**municipal library** [mju:'nɪsɪpəl'laɪbrərɪ]
Stall	33	**stable** ['steɪbl]
Stamm	31	**trunk** [trʌnk]
Stau	25	**traffic jam** ['træfɪk'dʒæm]
Steckdose	17	**socket** ['sɒkɪt]
Steckenpferd	19	**hobby-horse** ['hɒbɪhɔ:s]
stehen	34	**to stand** [tu: stænd]
Stein	30	**stone** [stəʊn]
Stereoanlage	16	**stereo** ['sterɪəʊ]
Stewardess	24	**stewardess** ['stju:ədɪs]
Stier	32	**bull** [bʊl]
Stirn	6	**forehead** ['fɔ:hed]
Stöpsel	14	**plug** [plʌg]
Strand	39	**beach** [bɪ:tʃ]
Straße	22, 25	**street** [stri:t]
Straßenbahn	24	**tram** [træm]
Straßenlaterne	23	**street lantern** [stri:t 'læntən]
Straßenmaler	22	**street artist** [stri:t 'a:tɪst]
Straßenmusikant	22	**street musician** [stri:t mju:'zɪʃən]
Straßenschild	23	**sign** [saɪn]
Strauß	28	**ostrich** ['ɒstrɪtʃ]
streicheln	35	**to pet** [tu: pet]
Streichelzoo	29	**pet zoo** [pet 'zu:]
Streichhölzer	17	**matches** [mætʃɪz]
Strickjacke	8	**cardigan** ['ka:dɪgən]
Strohballen	33	**bale of straw** [beɪl ɒf strɔ:]
Strümpfe	8	**stockings** ['stɒkɪŋs]
Strumpfhose	8	**tights** [taɪts]
Stuhl	16	**chair** [tʃɛəʳ]
Stunde	40	**hour** ['aʊəʳ]
Sturm	38	**storm** [stɔ:m]
Süßigkeiten	27	**sweets** [swɪ:ts]
Supermarkt	26	**supermarket** ['su:pəma:kɪt]
Suppe	12	**soup** [su:p]
Suppenkelle	11	**soup ladle** [su:p leɪdl]
Suppenteller	11	**soup plate** [su:p pleɪt]
Sweatshirt	8	**sweatshirt** ['swetʃɜ:rt]

ablett	12	**tray** [traɪ]
afel	20	**blackboard** ['blækbɔ:d]
ag	40	**day** [deɪ]
al	31	**valley** ['vælɪ]
ankstelle	25	**petrol station** ['petrəl'staɪʃən]
asche	27	**bag** [bæg]
asse	11	**cup** [kʌp]
axi	22	**cab** [kæb]
eddy	18	**teddy bear** ['tedɪbɛəʳ]
ee	12	**tea** ['ti:]
eelöffel	11	**teaspoon** ['ti:spu:n]
elefon	17	**telephone** ['telɪfəʊn]
elefonzelle	22	**phone booth** ['fəʊnbu:θ]
eller	11	**plate** [pleɪt]
eppich	16	**carpet** ['ka:pɪt]
esafilm	21	**adhesive tape** [əd'hɪ:zivteɪp]
hermometer	38	**thermometer** [θə'mɒmɪtəʳ]
iernahrung	26	**pet food** ['petfu:d]
ierwärter	29	**zoo-keeper** ['su:ki:pər]
iger	29	**tiger** [taɪgəʳ]
isch	16	**table** [teɪbl]
oast	12	**toast** [təʊst]
oaster	11	**toaster** [təʊstəʳ]
oilette	15	**toilet** ['tɔɪlɪt]
oilettenbürste	14	**toilet brush** ['tɔɪlɪt'brʌʃ]
oilettenpapier	15	**toilet paper** ['tɔɪlɪt'peɪpəʳ]
opf	10	**pot** [pɒt]
opflappen	10	**panholder** ['pæn'həʊldəʳ]
ower	24	**control tower** [kən'trəʊl'taʊəʳ]
räumen	34	**to dream** [tu: drɪ:m]
ragen	35	**to carry** [tu: 'kærɪ]
rainingsanzug	8	**track-suit** ['træk'su:t]
raktor	32	**tractor** ['træktəʳ]
raurig	37	**sad** [sæd]
reppe	23	**stairs** [stɛəʳs]
rinken	34	**to drink** [tu: drɪŋk]
rocken	36	**dry** [draɪ]
rommel	19	**drum** [drʌm]
ruthahn	33	**turkey** ['tɜ:kɪ]
-Shirt	8	**T-shirt** [ti:ʃɜ:t]
ür	32	**door** [dɔ:ʳ]
un	34	**to do** [tu: du:]
urnschuhe	9	**gym shoes** [dʒɪmʃu:s]

J

J-Bahn	23	**subway** ['sʌbweɪ]
Jhr	40	**clock** [klɒk]
Jhrzeit	40	**time** [taɪm]
marmen	35	**to embrace** [tu: ɪm'breɪs]
nten	37	**at the bottom** [ət ðə 'bɒtəm]
Jnterhemd	8	**vest** [vest]
Jnterhose	8	**pants** [pænts]
Jntertasse	11	**saucer** ['sɔ:səʳ]

/

/ase	17	**vase** [va:z]
/ater	13	**father** [fa:ðəʳ]
/erkäuferin	26	**shop assistant** [ʃɒpə'sɪstənt]
/erkehr	24, 25	**traffic** ['træfɪk]
/erkehrsschild	25	**traffic sign** ['træfɪk'saɪn]
/ideokassette	16	**video cassette** ['vɪdɪəʊkæ'set]
/ideorekorder	16	**video recorder** ['vɪdɪəʊrɪ'kɔ:əʳ]
iel	37	**a lot of** [ə lɒt ɒf]
ier	41	**four** [fɔ:ʳ]
/iertel	40	**quarter** ['kwɔ:təʳ]
ierzehn	41	**fourteen** [,fɔ:'tɪ:n]
/ogel	31	**bird** [bɜ:d]
Vogelkäfig	16	**bird-cage** ['bɜ:d'keɪdʒ]]
Vogelscheuche	30	**scarecrow** ['skɛəʳkrəʊ]
voll	36	**full** [fʊl]
Vorhang	17	**curtain** ['kɜ:tn]
vorne	36	**in front of** [ɪn frʌntɒf]

W

Waage	15	**scales** ['skeɪls]
Wachsmalstift	21	**wax crayon** ['wæks'kreɪən]
Wärmflasche	14	**hot-water bottle** [hɒt'wɔ:tər'bɒtl]
Wäsche	15	**laundry** ['lɔ:ndrɪ]
Wäschetrockner	14	**drier** ['draɪəʳ]
Waggon	24	**waggon** [wægən]
Wald	30	**forest** ['fɒrɪst]
Wand	17	**wall** [wɔ:l]
Wanderer	30	**hikers** [haɪkəʳs]
Waschbecken	15	**wash basin** ['wɒʃbeɪsn]
Waschbeutel	14	**sponge bag** ['spʌdʒbæg]
waschen	34	**to wash** [tu: wɒʃ]
Waschlappen	14	**flannel** ['flænl]
Waschmaschine	14	**washing machine** ['wɒʃɪŋmæ'ʃi:n]
Wasser	24	**water** ['wɔ:təʳ]
Wasserhahn	14	**water tap** ['wɔ:təʳ'tæp]
Watte	15	**cotton wool** ['kɒtnwu:l]
Wecker	18	**alarm clock** [ə'la:mklɒk]
Weg	30	**path** [pa:θ]
Wegweiser	30	**sign** [saɪn]
weich	36	**soft** [sɒft]
Weide	32	**pasture** ['pa:stʃəʳ]
weinen	35	**to cry** [tu: kraɪ]
weit	37	**wide** [waɪd]
wenig	37	**little** ['lɪtl]
werfen	35	**to throw** [tu: θrəʊ]
Wetter	38, 39	**weather** ['weðəʳ]
Wiese	30	**meadow** ['medeʊ]
Wildschwein	31	**wild pig** [waɪldpɪg]
Wind	38	**wind** [wɪnd]
Winter	38	**winter** ['wɪntəʳ]
Woche	40	**week** [wi:k]
Wohnzimmer	16	**living-room** ['lɪvɪŋru:m]
Wolke	39	**cloud** [klaʊd]
Wort	21	**word** [wɜ:d]
Würfel	19	**die** [daɪ]
Wurst	12, 26	**sausage** ['sɒsɪdʒ]

X

Xylophon	19	**xylophone** ['zaɪləfəʊn]

Z

Zähne putzen	34	**to brush one's teeth** [tu: brʌʃ wʌns ti:θ]
Zahl	20	**number** [nʌmbeʳ]
Zahlen	41	**numbers** [nʌmbeʳs]
Zahn	6	**tooth** [tu:θ]
Zahnbürste	15	**tooth brush** ['tu:θ'brʌʃ]
Zahnpasta	15	**toothpaste** ['tu:θpeɪst]
Zahnputzbecher	15	**toothbrush glass** ['tu:θ'brʌʃgla:s]
Zaun	33	**fence** [fens]
Zebra	28	**zebra** ['zebrə]
Zebrastreifen	23	**zebra crossing** ['zebrə'krɒsɪŋ]
Zeh	7	**toe** [təʊ]
zehn	41	**ten** [ten]
Zeichenblock	21	**drawing pad** ['drɔ:wɪŋpæd]
Zeichnung	21	**drawing** ['drɔ:wɪŋ]
zeigen	35	**to show** [tu: ʃəʊ]
Zeitschriften	27	**magazines** [,mægə'zi:ns]
Zeitung	17	**newspaper** ['nju:z,peɪpəʳ]
Zelt	30	**tent** [tent]

Zeugnis . . . . 20 **report** [rɪ'pɔ:t]
Ziege . . . . 29 **goat** [gəʊt]
ziehen . . . . 35 **to pull** [tu: pʊl]
Zifferblatt . . . . 40 **face** [feɪs]
Zirkel . . . . 21 **pair of compasses** [pɛə^{r}ɒf'kʌmpəsɪz]
Zitrone . . . . 26 **lemon** ['lemən]
Zitronenpresse . . . . . . 10 **lemon squeezer** ['lemən'skwi:zə^{r}]
Zoo . . . . 28 **zoo** [zu:]
Zucker . . . . 26 **sugar** ['ʃʊgə^{r}]
Zuckerdose . . . . 12 **sugar bowl** ['ʃʊgə^{r}bəʊl]
Zug . . . . 24 **train** [treɪn]
zuhören . . . . 35 **to listen** [tu: 'lɪsn]
Zunge . . . . 6 **tongue** [tʌŋ]
zwanzig . . . . 40, 41 **twenty** ['twentɪ]
zwei . . . . 41 **two** [tu:]
zwölf . . . . 41 **twelve** [twelf]